# VIOLENCE
# D'AMOUR

AF303053

le papillon aux ailes brisées

j'ai passé des mois à t'attendre,

chaque soir, j'étais sur mon téléphone en
espérant recevoir un message de ta part

mais non, tu préférais passer du temps avec tes
nouvelles amies

tu m'ignorais pendant des heures, pendant des
mois

je t'ai perdu

comme tous les autres

parce que je ne sais pas comment je suis censé
traiter les autres

je ne te rappelais pas pourquoi je suis tombé
amoureux de toi

alors que je le pensais chaque jour

tu étais comme une drogue pour moi

je ne me voyais pas vivre sans toi

non, c'était plus que cela

je ne pouvais pas vivre sans toi

tu prétends m'aimer

mais tu ne m'aime que quand je suis heureuse

c'était beaucoup trop douloureux de vivre sans
toi

je n'ai jamais autant souffert qu'à ce moment-là

j'ai cessé de croire aux promesses

lorsque celle du petit doigt

a été brisée

je ne t'ai pas oublié

j'ai juste cessé d'y croire

j'essaie de t'échapper chaque jour

mais les souvenirs m'empêchent d'avancer

ma tête est pleine de toi

pleine de nous

tu ne me réponds plus

alors je cri dans les rues que je t'aime

en espérant que tu m'entende

et je passe mes nuits à attendre ton message

un verre à la main

avant toi

j'aimais la vie

après toi

je détestais la vie

j'ai envie de te hurler « viens on s'aime
correctement »

mais on dirait qu'on en est incapable

je me répète chaque jour que ça ira

sans toi

mais je me mens


j'essaie d'avancer

 sans toi

mais je ne sais pas ou mettre les pieds


ça fait mal de dormir

sans toi

mais je continue de me lever le lendemain


*sans toi*

je suis incapable de te dire adieu

car l'espoir

qu'on se reverra

ne disparait pas

j'aurai du hurler « ne t'en vas pas »

mais tu étais déjà trop loin

pour entendre

mon désespoir

pourquoi continuer d'attendre ?

alors que ça n'arrivera jamais

toujours de ma faute

selon toi

alors que tu me faisais vivre des montagnes
russes

épuisé à tes cotés

punit chaque jour

d'être moi

l'amour ne suffisait pas

j'aurais dû être parfaite

sans aucun problème

tu m'aurait peut-être mieux aimé

nous aurions pu être heureux

mais nous ne l'étions pas quand on était seul

j'ai eu le courage de te dire

au revoir


nous avons pris des chemins différents

mais j'espère qu'on se recroisera

et qu'on ira mieux

c'est surement nécessaire


malgré ce que tu m'a fait

ce que tu n'as pas fait pour nous

je ne t'en veux pas

je m'en veux


de ne pas être parti avant

avant que tu me détruise à ce point

je m'en veux

d'avoir pensé que tes silences cesserait

que tes promesses était sincères

que tes je t'aime était sincères

ton intérêt a disparu

et j'ai été fatigué d'être repoussé


tu es une rose qui a perdu ses pétales

mais pas ses épines

je ne pouvais plus t'approcher

je pensais pouvoir passer au-dessus du mal que
tu as causé

j'ai perdu patience

aujourd'hui

impossible de te pardonner

je t'aime malgré tout

je méritais mieux

je te voulais

mais tu n'as pas voulu changer

j'ai fini par comprendre que tu ne m'écrirais plus

j'ai fini par comprendre qu'on se reverrait jamais

quand je pensais à toi je me sentais heureuse

aujourd'hui je pense à toi

 et je suis triste

serait tu capable de te pardonner

si je t'avais fait

ce que tu m'a fait

j'aurais dû me douter

quand t'éloignant

tu ne reviendrais pas

tu étais finalement comme les autres

on dirait

que tu es venue dans ma vie

juste pour que je me rendes compte

que je mérite mieux

tu dis que je te manque

mais tu as tout fait pour que je parte

l'amour que je te porte

est si fort

qu'il ne partira jamais

j'aimerais que tu m'aime

comme avant

je t'attend

rallume la lumière en moi

qui s'est éteinte à cause de toi

tu es partie

laissant derrière toi

un choc

si grand


qu'il a laissé entrer la colère

la tristesse

et me donnant l'impression que je n'étais plus
que ca

que je n'étais rien d'autre que mes émotions

comment suis-je censée m'aimer

si tu ne regardes pas mes photos

mais celle de d'autre filles

les papillons que j'avais en pensant à toi

ce sont transformer en chauve-souris

qui dévore mon cœur

je suis désolée

de t'avoir harcelé de message

quand tu ne répondais pas


je suis désolée

de t'avoir pardonner

quand tu étais violente


je suis désolée

d'avoir constamment

besoins de te voir

pour pas que tu aille voir ailleurs


je suis désolée de t'avoir demander de m'aimer


*je suis désolée*

elle est amoureuse

je suis triste

elle est ambitieuse

je suis démotivé


elle est forte

je suis sensible

elle est entourée

je suis seule

Elle

je me suis battue si fort

pour guérir de ce que tu m'a fais

tu crois vraiment que je te laisserais revenir dans
ma vie

j'ai mis longtemps à comprendre

que tu me punissais

par le silence

pour aucune raison


j'ai mis longtemps à comprendre

que tu étais une manipulatrice

et que ce n'étais pas moi

la méchante

j'ai besoin de toi pour exister

parce que je ne me connais pas

tu m'a donné une seconde d'attention

et maintenant

je m'accroche à toi pour l'éternité

tu n'as pas donné d'attention

à ton propre enfant

et depuis

cette enfant cherche de l'attention

chez tous les hommes

qu'elle croisent

je ne mérite pas mieux

mes problèmes

t'ont fait fuir

mon amour

t'a fait fuir

je me suis perdu

pour toi

tu ne voulais pas de moi dans ta vie

pourquoi ne pas l'avoir dit plus tôt

je t'ai pardonné

pour apaiser

mon âme

je n'ai cessé de mettre des virgules a notre
histoire

aujourd'hui j'ai réussi à mettre un point

tu as fait des ricochets

avec mon cœur

chaque fois que tu reviens

j'espère que tu reviens

pour dire je t'aime

mais c'est tout l'inverse

je suis incapable de t'aimer

tu es incapable de m'aimer

j'ai cru mourir

quand je t'ai vue partir

je suis content

de t'avoir serré fort

avant que tu parte


je suis content

d'avoir pu te dire aurevoir

tu m'a briser le cœur

tous les soirs

à 18 heures

tu me manque

mais j'ai compris

que je n'avais pas besoin de toi

dans ma vie

tu es partie en fumée

avec tes promesses

et tes belles paroles

je ne regrette pas

de t'avoir traité comme une reine

même si tu ne t'es rendu compte

de rien

tu m'a tenu la main

pour me montrer le chemin

puis tu l'a lâché

me laissant seule

dans le noir de la nuit

j'essaie de rester transparente

quand je te vois avec d'autre

le silence est une réponse

à beaucoup de questions

tu as fais

le premier

et le dernier

pas

ce jour la

tu ne t'es pas retournée

je regrette le temps

où tu me choisissait

je t'ai ouvert mon âme

et tu y a plongé un couteau

tu me faisais culpabiliser d'aller mal

ce qui ne faisais qu'aggraver les choses

j’avais des choses à dire

mais je ne voulais pas m’abaisser

à ton niveau

j'ai tourné la page

tu es revenue

mon cerveau et mon cœur ne cessent de penser
à toi

mais je ne veux plus de relation comme on a eu

je cherche autre chose

quelque chose de nouveau

je ne veux pas redevenir la personne que j'étais
quand j'étais avec toi

cette personne la n'était pas heureuse

je ne veux pas retomber la dedans

mais cette personne la est enfouie avec tes
souvenirs

 et ne cessera jamais de t'aimer

pourquoi es-tu si compliquée ?

chaque fille me fait penser à toi

tu m'obsède

ça va fini par me tuer

c'est bizarre comme j'ai envie de te parler

mais je sais ce qui va se passer si je le fait

cette fois ci tu es revenu pour me dire je t'aime

comme je l'espérais depuis des mois

mais maintenant c'est trop tard

j'ai tourné la page

j'aurais jamais du te laisser m'abandonner

je ne veux pas être avec toi

je veux être comme toi

ta douce voix me manque

ta douce odeur me manque

quand tu étais là une lumière apparaissait

et faisais disparaitre les ténèbres qui me
tournaient autour

tu es partie

et les ténèbres ne cessent de venir

j'aimerais savoir ce que tu fais

j'ai de la peine pour nous

pourquoi sommes-nous atteint d'une si grande
haine ?

te rencontrer a été la meilleure chose qui me soit arrivé

et la pire

tu es une œuvre d'art

où es-tu ?

je n'en peux plus de te chercher

à ton tour de me trouver


rentre à la maison

je t'y attends

parle moi

par pitié

si je te laisse revenir dans ma vie

je risque de faire revenir tous les travers

et je refuse

notre amour était mauvais

tu essaie de revenir dans ma vie

juste parce que tu as besoin d'attention

je me demande qui viendra ce recueillir sur ma
tombe

j'espère que tu seras la

je t'aimerais toujours

mais j'attends mon prince charmant

te retrouver tous les soirs

était le meilleur moment de la journée

je n'ai plus besoin de ton amour

tu as été une rencontre soudaine

qui a disparu du jour au lendemain

une rencontre fascinante

tu as su touché mon cœur d'une manière
inexplicable

tu m'a marqué à vie

tu l'ignore surement

tu le sais peut être


tu as été une rencontre que je ne peux oublier

tu m'a coupé le souffle

je ne savais que dire quand tu étais la

alors j'écris des poèmes

régulièrement car je ne cesse de penser à toi

poignant

des poèmes que j'aimerais te partager


tu es silencieuse comme la nuit

tu as des yeux comme la lune

le cœur comme une chouette

tu aimes tout dans la nuit

c'est là que je t'ai rencontré

et depuis

 j'aime la nuit plus que tout


je crois bien que tu ne m'oublie pas

mais tes gestes et paroles ne disent pas la même
chose

qui croire ?

j'étais perdu dans la nuit

mais tu as su me guider vers le jour

mais tu es partie

et tu m'a laisser seule dans la nuit


je ne regretterais jamais

notre rencontre insondable


la rencontre

un soir de décembre

nos regards se sont croisé

se sont accroché

et n'ont cessé de se regarder

on y voyait quelque chose d'unique

on a été captivé l'un par l'autre

tes yeux étaient composé du ciel et de ses Etoiles


plusieurs fois j'ai essayé d'observer ce magnifique ciel

mais chaque fois mon âme a été ébloui

de temps à autres tes yeux

étaient remplis d'amour en me regardant

c'était un feu d'artifice

de temps à autre

tes yeux étaient remplis de tristesse

et cela me brisait le cœur


ton regards était absolu

tellement que j'ai du mal à m'en détacher

et quand je m'y accompli

je voudrais déjà replonger dedans


un soir de décembre

nos regards se sont croisés

et alors j'ai su que malgré moi

tu avais voler mon cœur

et à l'heure d'aujourd'hui

tu ne me l'a pas rendu


tu veux savoir pourquoi je t'aime ?

chaque seconde tu me posais cette question

tu souhaitais que je te rassure car trop peu de
garçon t'ont aimé

peut-être que je t'aime parce que tes yeux

sont rempli de chocolat

un regard si puissant

le chocolat me fait toujours fondre


peut-être que je t'aime grâce à ton sourire

le plus beau sourire du monde

qui fait battre mon cœur

chaque fois que tu me souris

je t'aime pour un milliard de raison que ce
poème pourrais ne jamais finir

tu fais briller ma vie comme un soleil


*un soleil*

tandis que je te regarde

je cesse de penser

mon cœur bat de plus en plus vite


tandis que je suis avec toi

le reste du monde disparait

seule toi compte


tandis que je pense à toi

je vois nos souvenirs

et notre imagination


tandis que je t'aime

toutes émotions disparaissent

seule la joie existe


tandis que

je te veux parce que je t'aime

il n'y a pas d'autre raisons

-    tu me manques
-    tu me manques aussi

si j'ai autant pleuré quand tu es partie

c'est parce que je savais que je ne te reverrais
jamais

tu dis que tu vas mieux

mais quand tu m'écris tu tremble

le silence est tombé

l'obscurité est arrivé

durant une éternité il ne s'est rien passé

le néant

et un jour les battements doux et régulier d'un
cœur est venu troubler le silence

puis est partie comme il est venu

les ténèbres avait commencé à se dissiper

puis sont revenue plus nombreux

si seulement ce cœur pur était rester

seul ce cœur avait la force de faire partir les
ténèbres

je te hais de toute mon âme

laisse-moi encore quelque années

que je me remette

après ce que j'ai traversé

je ne suis pas prête

j'ai besoin d'une amie

une vrai, sur laquelle je peux compter

pas d'une amoureuse

si tu en es capable alors on se reverra

sinon on se dit adieu ici

j'ai toujours aimé les yeux bleu, pure de l'océan

puis un jour j'ai croisé des yeux sombres qui
m'ont anéanti, on sentais le noir qu'il y avait dans
son cœur

son regard éteint, plein de douceur a réchauffé
mon cœur tout froid

j'ai écrit de nombreux mots pour elle, j'ai écrit
mon amour

le chaos a quelque chose d'attirant quelque part,
mais des yeux éteints comme je l'es ai vu avec
beaucoup de douleur, n'es pas normal

elle ne s'est pas retournée

elle m'a planté la

avec ma souffrance


je l'aimais

il me semble qu'elle m'aimait aussi


pour ma part c'était suffisant

pour elle non

je l'ai attendue

mais pour elle c'était une pression

un étouffement


*alors que tout ce que je faisais, c'était de l'aimée*

son odeur me manque tellement

que je n'arrive plus à respirer

 par moment

la fille que j'aime est partie sans se retourner

ne pas réussir à se détacher d'une manipulatrice

ça fait mal

si elle m'aimais

elle serait encore la

n'est-ce pas ?

il y a une liste de question dans ma tête

et je ne te l'es pose pas

car je sais pertinemment que tu ne répondras
pas

et m'ignorera totalement

comme si je n'étais rien a tes yeux

la personne dont je suis tombé amoureuse

n'était en réalité

qu'un mensonge

je t'admirais comme j'admire une peinture

il y avait cette alchimie entre nous

mais ça n'a pas marché

on s'est détruit mais peut-on se réparer ?

je ne pense qu'à toi

c'est si dur

de t'effacer a tout jamais


le cœur cicatrisera au fil du temps

mais mon cerveau pensera toujours à toi

je n'effacerais pour rien au monde ce que j'ai
vécu avec toi

car tu m'a donné cette chose qui manquait à ma
vie

tout était gris

et a présent je souris malgré ce que l'on a vécu


on s'est détruit avec amour

on s'est détruit avec passion

et on s'est quitté avec chagrin

une seule chose à te dire

c'est merci

d'avoir donné du sens à ma vie

je peux passer des nuits à rêver de toi

je peux passer mes journées à penser à toi

je regarde en boucles les photos de nous

en espérant qu'un jour

tout redevienne comme avant

tu ne cesseras jamais de me hanter

tu m'obsède c'est un truc de dingue

un lien nous unit

un lien tellement fort

un lien impossible à détruire

je suis peut etre le seul a le ressentir

mais fallait que je partage mes sentiments

tu n'es pas obligé d'y répondre

et si tu y réponds

réponds y en m'envoyant une lettre

comme au bon vieux temps

je ne veux pas recevoir de message textos

c'est trop moderne à mes yeux

je sais que je ne suis pas la meilleure personne
sur terre

mais mon amour pour toi est sincère

j'ai fait beaucoup d'erreurs

aide moi à y remédier

je continue d'en faire aujourd'hui

mais mon dieu

je ne sais pas quoi faire de ma vie

etre en couple mais encore aimer son ex

c'est pitoyable n'est-ce pas

aide moi à couper les ponts

brise moi le cœur encore une fois

en espérant que cette fois il comprenne

ou alors répare le

 à toi de voir

aime même encore après tout ce temps

à croire que je t'aimerais toute ma vie

suis-je destiné à vivre dans la tristesse d'un amour non réciproque ?

vie tragique

il m'arrive de rêvasser et de m'imaginer une
histoire ou cela a marché entre nous

c'est beau de rêver

je souffre

malgré tout rêver ranime mon cœur éteint

depuis ta disparition

j'ai essayé tant de chose pour t'oublier

j'ai essayé la haine

j'ai essayé de te faire passer pour une mauvaise personne pour essayer de m'en convaincre moi-même

mais ça n'a fait qu'empirer les choses

aujourd'hui j'ai décidé de t'ouvrir mon cœur

d'accepter l'inacceptable

tu me manques

j'aimerais prendre soin de toi

car tu le mérite

plus que n'importe qui

si ce n'est pas moi j'espère que quelqu'un
s'occupe bien de toi

qu'il te fait comprendre que ton corps est parfait
tel qu'il l'es

que tu es magnifique

qu'il t'aide à manger

qu'il te réconforte quand ça ne va pas

qu'il te fait un câlin quand c'est nécessaire

qu'il t'accompagne dans tes projets

qu'il regarde des films d'horreur avec toi

qu'il t'offre des peluches

la plupart des Hommes ignorent leurs désirs

aujourd'hui j'ai choisi de ne plus le faire

la seule façon de se libérer c'est de faire sortir ses désirs

j'ai peur de mourir sans avoir oser les sortir

on désire sur un fond de manque

ce manque renvoie à la demande d'amour

certains psychanalyste disent que ce que nous désirons c'est ce que désire l'autre

aujourd'hui je vérifie leurs théories

tu étais pour moi mon âme sœur

on est peut etre trop jeune pour dire ce genre de
choses

mais je veux vivre

et ne pas regretter

je suis nostalgique du temps passé à tes cotés

je suis nostalgique de toi

cette relation m'a fait perdre toute confiance en moi

elle m'a fait perdre celui que je suis

notre séparation

devait etre provisoire

je l'aimerais toujours

mais j'ai appris à vivre avec

ce qui fait que c'est devenu moins douloureux

je reconnaitrais tes yeux partout dans le monde

elle est malade

mais d'une manière que je ne comprendrais
jamais

tu voulais mon corps

pas mon cœur

je ne peux pas etre ton second choix

je mérite d'etre le premier

j'écris des choses insensé par amour

mais elles contiennent tout mon amour

tremper de mes larmes

je te l'es envoie

en espérant que tu me réponde

mais tu ne me réponds jamais

je ne voulais pas te perdre

tu le savais

mais toi tu avais l'intention de me perdre


tu le savais

j'ai beau avoir voulu t'aider

tu m'a accusé de tout tes malheurs

je t'ai tendu la main

tu ne l'a pas prise


 on n'était pas destiné a finir ensemble

pourtant on le croyais plus que tout

toi autant que moi

mais tu m'a tout de même rejeter


sans que je sache pourquoi

tu savais

je l'ignorais

je ne voulais pas te perdre

j'ai mis du temps a comprendre que toi tu le
voulais

que c'est arrivé

non par ma faute

mais par la tienne

je n'ai pas supporté de te perdre

« tu ne m'oubliera pas n'est-ce pas ? »

« bien sûr que non, on se retrouve cette été »

laisse-moi te demander encore et encore

j'ai tellement peur

comprends le

on va etre séparer

et moi je ne savais pas que ce serait pour
l'éternité

la peur ne disparait plus aujourd'hui

mais je ne montre rien

je passe au-dessus

car je ne veux plus souffrir

à cause de l'abandon

tu as cessé de répondre

pour toujours

et ça m'a tellement détruite

tu n'imagines pas a quel point

je ressens le froid encore

je me sens seule encore

mon cœur est si froid, je me sens si seule

où es-tu allée ? ou es-tu allée ?

je n'arrive pas à vivre sans toi

un soir de décembre

je t'ai croisé

le temps s'est arrêter

et de suite je suis tombée amoureuse


tes yeux étaient rempli de souffrance

je voulais te prendre dans mes bras

et effacer tes peines

mais tu m'a fait tomber avec toi


ton regard profond

je me suis noyé dedans

je suis absorbé dedans

je peine à m'en éloigner


un soir de décembre

je t'ai croisé

malgré moi, je sais que

mon cœur a été pris

pourquoi je t'aime

peut etre ce sont tes yeux chocolats

oh comme j'aime le chocolat

un regard si intense, si pur


ou ton sourire éclatant

rempli de tristesse et de joie

qui fait chavirer mon cœur

à chaque fois que tu souris


telle un soleil

tu éclaires ma vie

tu es partie

et tu as emporté mon cœur avec toi

pour le détruire indéfiniment

tempête

je suis malheureuse sans lui

je suis malheureuse avec lui

avant toi

j'aimais la vie

après toi

je détestais la vie

je me répète sans cesse

que je dois arrêter de penser à lui

de l'aimer

car trop de souffrances sont la

il pleurait sans cesse

comment suis-je sensé le supporteur

quand je ne supporte pas mes propres pleurs

le dégout de ton touché

le silence s'installa

un silence terrifiant

malaisant

j'ai fini par avoir le déclic

j'ai fini par comprendre

que tu me faisais souffrir depuis le départ

et ça fait du bien

je t'ai traité

comme tu me traitais

je n'existais pas à tes yeux

seul elle existait

tu m'a rendu paranoïaque

car aujourd'hui

je pense que tout le monde est comme toi

j'ai dû t'embrasser les yeux fermé

car je ne voulais pas voir ton visage

j'ai dû fermer les yeux

pour ne pas voir

ce que tu faisais à mon corps

je reste enfermé chez moi

par peur de te croiser

je m'isole des autres

par peur qu'ils parlent de toi

par peur que tu parles de moi

selon toi je méritais mieux

quelque temps après

j'ai fini par comprendre que c'était vrai

tu m'a fait vivre un enfer

tu te fais passer pour la victime

 tu fais croire a tout le monde que je suis une
personne horrible

tu échange les rôles


à cause de toi

je me retrouve seule


j'ai dû m'éloigner

à cause de ton comportement

mais je t'aimais

te rend tu comptes à quel point je te déteste

je pensais que c'était normal de se disputer

mais le fais que ça soit chaque jour

avec des coups

m'a paru moins normal

je n'ai fait que copier

ce que tu m'a appris

tu ne m'écoutais pas

je t'ai répété cent fois

que tu me faisais souffrir

mais tu n'as jamais voulu changer


et tu as fait mine

d'être surpris

lorsque je suis partie

tu voulais découvrir mon corps

et tu l'a fait

sans mon accord

tu n'aimais pas mon comportement

mais regarde

la façon dont tu m'a traité

tu étais censé être fier de moi

pas jaloux

il contrôlait ma vie

me rabaissait sans cesse

me forçait à faire certaine choses

m'accusait de tous ses malheurs


pourquoi tu faisais ça ?

je suis fatiguée

d'absorber tes émotions

de les subir

cette robe que tu m'a offerte

s'est vite recouverte

de sang

tu m'a poignardé

voler ma dignité

et ça ne t'a pas suffit

comment je peux être amoureuse de toi

et encore penser à elle

peut etre ne le suis-je pas

une rupture est censée être douloureuse

mais avec toi

c'était un soulagement

le soulagement de savoir

que je ne recevrais plus d'insultes, plus de coup

je ne suis pas désolée

de m'avoir choisi cette fois

je ne pouvais pas contrôler ce que tu faisais

mais j'aurais dû y mettre un terme

bien plus tôt

tu te prends pour un dieu

alors que tu n'es qu'un démon

je pensais mériter

ce que tu me faisais

alors forcement

je te laissais faire

j'avais besoin d'être seule

et tu m'étouffais

non

je ne me faisais pas belle

pour toi

si tu m'aimais

pourquoi tu voulais me faire souffrir

je dormais

et tu es entré dans mon sommeil

sans demander la permission


*deux significations*

tu es entrée dans des abysses de mon corps

sans me demander la permission

tu disais que je t'appartenais

je n'ai compris que bien plus tard

que cela ne te donnait pas le droit

de toucher mon corps sans ma permission

quand les mots ne suffisent plus

les coups parle à notre place

quand tu es entré dans ma vie

tu as détruit la relation que j'avais avec ma famille

pourquoi as tu fais ça ?

tu ne souhaitais tellement pas que j'ai d'amis

que lorsque nous nous sommes quitté

tu es allé voir les amis que j'avais réussir à me
faire

et leurs raconter des choses atroces

pour que je n'ai toujours pas d'amis

comme si ne j'appartenais qu'à toi

jusqu'au restant de mes jours

tu m'a rendue méchante

je te déteste pour ça

tu voulais toujours plus

je te regarde

et je ne vois rien

viens me voir quand tu ne seras plus bourré

tu disais ne pas vouloir me faire de mal

mais tu le faisais quand même

tu as pris mon bras

et tu as dessiné dessus

de façon à ce que l'on croit

que c'était moi

parfois j'aimerais tout avouer

car mentir me pèse

tu la préfère et j'en préfère une autre

allons-nous continuer à nous mentir

comme ça encore longtemps

on dirait que nous devons faire un mariage forcé

mais qui nous force ?


au départ je t'aimais

mais tout est vite partie en fumer

quand j'ai découvert qui tu étais

un manipulateur, un charmeur

un violeur aussi à temps partiels

parfois j'aimerais tout oublier

oublier toutes les violences


notre histoire sans amour


parfois

un collier

comme cadeau

a un anniversaire

ce même collier

sera utilisé pour m'étrangler

ce même collier

nous mènera vers une destinée plus sombre

un chemin semé d'embuche


ce même collier

 aura perdu toute ses perles

tellement tu auras tiré dessus

autour de mon cou

elles sont tombé au sol et se sont briser

en même temps que mon cœur

en même temps que ton visage s'est dévoilé


ton visage s'approchant pour m'embrasser

t'es deux mains ont quitté mon cou

pour se placer sur mon visage rempli de larme

tu t'es excusé avec un baiser

une perle a été sauvé a temps


*violence*

la peur d'être seul

nous obligeait à rester ensemble

alors qu'on se détestait

je te hais de toute mon âme

compter, compter et encore compter

jusqu'à 500, voire plus

la tempête se calme au bout de 500

des fois la tempête dure plus longtemps

la tempête fini par cesser a un moment

cela s'arrête comme une montagne russe

où tu es secoué dans tous les sens

durant tes crises tu m'emmène de force dans le wagon

sans ceinture de sécurité

on est secoué

mais toi tu es attaché

je reçois des coups et risque la mort

je déteste cette montagne russe trop violente


*tempête*

j'obéis a la moindre seconde pour ne pas me
faire frapper

mais cela rate chaque fois

il ne peut résister à me balancer sa haine

ses insultes, ses coups, sa violence

j'essaie de résoudre tes problèmes

mais ce dont tu as besoin c'est de me frapper

alors je te laisse faire

une fois la tempête calmer

je vais m'assoir dans un coin

et je pleure en silence, soulagé que le calme
revienne

j'écoute le silence de la nuit

je reprends mon souffle et mes esprits

tout ira bien

tu me demande si je suis fâchée ?

comment ne pas l'etre après ce que tu viens de
me faire subir

tu ne te rends pas compte en réalité

qu'est ce qui ne tourne pas rond chez toi ?

tu t'excuse et tu te perds dans tes mots

tu essaie de m'amadouer

mais moi je suis à bout

tu me supplie, à mes pieds

de te pardonner et tu te perds dans tes excuses

et tu promets que cela n'arrivera plus

mais j'ai compris que c'était plus fort que toi

tu t'avances et pose délicatement ta main sur ma
joue

je me tends, alerte, méfiante

mon cœur dit oui mais mon corps dit non

me persuadant que tu ne l'a pas fait exprès

et que ce n'était qu'un accident

je te rends ton baiser

éros est celui qui fait le plus de bien aux hommes

tu es tout l'inverse

toi tu ressembles plus à Dionysos ou Hadès

quand je t'accusais

 tu disais que j'étais folle à lier

mais c'est toi qui m'a rendu comme cela

je te protégeais face aux policiers

car tu disais que j'étais ta reine, ton idole, ta
chérie, ton amour

tu me suppliais de te pardonner

après on faisait l'amour comme si de rien n'était

le lendemain tu partais en course

et tu revenais avec une peluche et mes chocolats
préféré

et je te pardonnais à chaque fois

persuadée que tu ne recommencerais pas

heureusement j'ai fini par échapper à l'enfer

j'ignore comment

peut etre en me comportant plus méchamment
que lui ?

j'ai changé de prénom, je t'ai bloqué partout,
tellement tu m'effrayais

mais même après cela, tu arrivais tout de même
à avoir une emprise sur moi

à faire en sorte que des gens me harcelé et me
suivent dans la rue

et me frappe à ta place

frapper dans le ventre

c'est l'endroit idéal pour que cela ne se voit pas

tu as pensé à tout

j'étais prisonnière de ta toile d'araignée géante

tu m'a enfermée dans le silence

je te déteste

de m'avoir inculqué toute cette haine

sur le lit

dans une position de cadavre

les mains descendent

ignorent la peau

l'attaque sauvagement


chez lui, il manque le cœur

je voulais etre aimé

délicatement

pas sauvagement


sauvage

le soir arrive et tu deviens méchant

pourquoi ? est-ce à cause de tout l'alcool que tu bois ?

ou à l'inverse est-ce parce que tu essaie d'oublier quelque chose ?

« qu'est ce qui ne va pas ? »

a la place d'une réponse j'ai droit à un baiser violent

et tout le reste devient violent

alors pour t'aider à aller mieux

je te laisse faire

etre sous l'emprise de quelqu'un

c'est perdre la liberté de penser et d'agir par soi
même

l'autre colonise ton esprit au point où tu te crois
plus capable de rien sans lui

ce qui est faux mais sur le moment tu n'en sais
rien

parce que ton corps et ton esprit sont trop
affaiblies

tu es piégée

il ne veut pas que je m'en aille

il dit que je suis fragile et que je risque de faire
des crises d'angoisse dans la rue

il m'interdit d'avoir des amis parce que c'est un
grand jaloux

il a peur que je l'abandonne

il est imprévisible, colérique

mais il veut mon bien

je crois

il a des geste déplacé c'est sur

mais il les regrettes tellement ensuite

 c'est vrai que c'est ma faute après tout

comme il le dit

il fait tout pour que l'on soit heureux

et c'est moi qui fait tout foirer

message venant de toi :

tu me déçois tellement

je pensais pouvoir te faire confiance

et tu me trompe avec cette fille

mon cœur se brise en imaginant ce que vous
faites

reviens

je deviens fou, je risque de rechuter

je ne suis plus rien si tu me quitte

ne pars pas


j'étais avec une amie pour essayer d'avoir de
l'aide mais j'étais à deux doigts de tout lâcher et
de retourner dans ses bras. Je ne concevais pas
de vivre sans lui à ce moment-là.

je ne vais pas le fuir tout le temps

c'est absurde

je n'ai pas envie de le rayer d'un coup comme
cela

je devrais retourner le voir

j'y serais forcement obligé de toute façon à un
moment ou un autre

il m'aime, j'en suis certaine

mais moi est ce que je l'aime ?

message de ta part :

si tu t'en vas, je me tue

sans toi, je n'ai plus gout à la vie

je t'ai tout donné

après tout ce que j'ai fait pour toi tu oserais me laisser tomber comme cela ?

tu me dégoute

mais je suis tout de même fou d'amour pour toi

alors viens

je te promet de te pardonner

et tout ira mieux, on recommencera à zéro

promis

je vais rester avec lui car je ne sais pas trop quoi faire

si du jour au lendemain tu veux re tenter une histoire avec moi

je plaquerais tout pour toi

mais pour le moment je ne sais pas ce que tu ressens pour moi

alors je préfère vivre ma vie plutôt que de t'attendre

et de souffrir encore plus


je me sentirais toujours connecté à toi je le sais

je ne suis pas sûr que ça marche

mais je ne veux pas partir de ta vie

on n'est pas fait pour etre ensemble

tu m'a touché

traumatisé

comment je suis censé faire pour t'oublier ?

j'ai choisi d'etre toxique et de te faire souffrir

pour me protéger

etre plus violente que toi me paraissait etre la
meilleure solution

de toute mes forces j'ai tenté d'oublier son visage

d'oublier ce qu'il m'avait fait

mais chaque nuit

ça tournais en boucle

je suis trop effrayé pour m'éloigner de lui

j'aurais voulu que tu me pousse plus fort

afin que je tombe de plus haut

que ça me tue

que ça me sauve


une dernière fois aurait suffit

je veux ressentir quelque chose de fort

ressentir la mort

arriver


en tombant je me dis que je n'ai pas fait tel ou tel chose

j'aurais voulu faire plus de chose de ma vie

mais il est trop tard pour regretter

la mort m'accueille à bras ouvert

et ne me laissera jamais partir

contrairement à la vie

© 2025 Winternight
Édition : BoD · Books on Demand, 31 avenue Saint-Rémy, 57600 Forbach, bod@bod.fr
Impression : Libri Plureos GmbH, Friedensallee 273, 22763 Hamburg (Allemagne)
ISBN : 978-2-3225-3295-7
Dépôt légal : Mai 2025